AF359062

NOUVEAUX PROCÉDÉS

D'IMPRESSION

BAR-SUR-AUBE, TYP. Mme JARDEAUX-RAY

NOUVEAUX PROCÉDÉS

D'IMPRESSION

AUTOGRAPHIQUE

ET DE

PHOTO-LITHOGRAPHIE

PAR

LALLEMAND

PARIS

LEIBER, LIBRAIRE-ÉDITEUR

Rue de Seine, 13

1867

NOUVEAUX PROCÉDÉS

D'IMPRESSION

CHAPITRE I.

LITHOGRAPHIE.

Théorie de la Lithographie.

La Lithographie est l'art de reproduire, par l'impression, à un nombre quelconque d'exemplaires, un dessin fixé sur une pierre dite *lithographique*.

Tous les procédés de lithographie sont basés sur l'antagonisme des corps. gras et de l'eau. Quelques expériences préliminaires mettront à même de se rendre compte de la nature des opérations lithographiques :

1° On trace sur une pierre lithographique un dessin avec un corps gras, puis on y passe une éponge légèrement humectée, la pierre se mouille partout excepté sur les traits graisseux, qui, au contraire, repoussent l'eau énergiquement ; en passant sur le dessin un rouleau chargé d'encre d'impression (encre composée de noir de fumée et d'huile de lin épaissie), les traits graisseux prennent l'encre pendant que l'humidité de la pierre empêche que le noir gras du rouleau ne s'attache au fond qui doit rester blanc ; enfin, en posant sur la pierre ainsi chargée d'encre une feuille de papier, et, par une pression convenable, en établissant un contact parfait entre le papier et la pierre, le dessin s'imprime sur le papier et l'on a une épreuve lithographique représentant symétriquement le dessin primitif. Les mêmes opérations peuvent être recommencées de nouveau et fournir chaque fois une épreuve semblable, et cela indéfiniment.

2° Après avoir tracé sur la pierre un dessin avec un corps gras et passé sur toute la surface une éponge mouillée, on verse quelques gouttes d'essence de térébenthine et on frotte dans tous les sens avec un linge. On enlève ainsi tout le corps gras qui formait le dessin et il n'en reste aucune trace apparente. Cependant, si, la pierre étant toujours humide, on passe le rouleau garni d'encre, on voit le dessin reparaître parce que le noir du rouleau s'attache aux parties qui avaient reçu le corps gras.

3° On écrit sur la pierre avec une solution de gomme, et, sans mouiller la pierre, on passe le rouleau chargé d'encre grasse ; toute la surface prend le noir, mais ce noir gras n'adhère pas à la pierre dans les parties qui ont été protégées par les traits gommeux, et il suffit de laver la pierre avec une éponge pour voir l'écriture se détacher en blanc sur fond noir.

4° On couvre la pierre d'une légère couche de gomme arabique, avec un fragment d'éponge, et on laisse sécher ; on lave ensuite la pierre de façon à enlever toute la gomme et on laisse sécher de nouveau. On passe alors le rouleau ; toute la surface de la pierre noircit ; puis on y jette quelques gouttes d'eau et on continue de passer le rouleau. On voit alors que l'encre est reprise par ce dernier, et si l'on a soin d'entretenir l'humidité, la pierre s'épure et redevient parfaitement blanche.

La première de ces expériences fait voir : 1° que les corps gras fixés sur la pierre ont de l'affinité pour l'encre du rouleau, et que par le contact de celui-ci, les traits graisseux se chargent d'une assez grande quantité d'encre pour pouvoir s'imprimer sur le papier ; 2° que les parties de la pierre qui sont mouillées, grâce à l'absence de tout corps gras, repoussent l'encre du rouleau de manière que la blancheur du fond du dessin n'en peut être altérée.

La seconde expérience démontre que le corps gras déposé sur la pierre la pénètre si intimement, que, quoiqu'on ait enlevé à l'essence toute trace de graisse, la pierre a conservé la propriété d'attirer l'encre du rouleau. On verra plus loin que cette affinité de la pierre pour le noir d'impression ne peut être détruite que par l'usure de la surface par des moyens mécaniques.

Dans la troisième expérience, on peut voir qu'il suffit d'une couche très-légère de gomme pour empêcher le corps gras de pénétrer jusqu'à la pierre, ce qui donne un moyen facile de produire un dessin en blanc sur fond noir. Cette propriété est très-importante, et c'est sur elle que mes procédés d'autographie et de photolithographie sont fondés.

Enfin, la quatrième expérience est très-remarquable, parce qu'elle met en évidence la propriété précieuse qu'a la gomme de modifier la pierre de façon qu'elle n'a plus aucune affinité pour les corps gras. Cette action de la gomme peut être modifiée dans certaines circonstances qui seront décrites plus loin et donner lieu à des applications très-diverses.

Le lecteur est dès à présent en état de comprendre la théorie de la lithographie ; néanmoins, il peut être utile de décrire succinctement la série des opérations nécessaires pour l'obtention des épreuves lithographiques.

La pierre qui doit recevoir le dessin ou l'écriture doit avant tout être parfaitement propre. A cet effet, on la graine, c'est-à-dire qu'on en use la surface en la frottant en tous sens avec une autre pierre, après y avoir répandu un peu de sable fin et une certaine quantité d'eau. On lave ensuite la pierre à grande eau et on la polit avec une pierre ponce, puis on l'essuie avec un linge bien propre.

L'encre lithographique est composée de résine devenue soluble dans l'eau, par sa combinaison avec la potasse ou la soude, et de matières grasses tenues en suspension. On écrit avec cette encre en employant des plumes extrêmement flexibles afin que le contact de la pierre ne les use point rapidement. Lorsque l'encre est sèche, on passe sur la pierre une petite éponge ou un pinceau trempés dans une eau contenant $^1/_{20}$ d'acide nitrique. L'acide remplit une double fonction ; il attaque la surface de la pierre et la dégage des petites impuretés dont elle pourrait être souillée, de plus il décompose l'encre lithographique et la rend insoluble dans l'eau. On étend alors une solution de gomme sur toute la surface et on laisse sécher. Dans cet état la pierre a subi deux modifications opposées : elle a acquis une grande affinité pour l'encre du rouleau dans toutes les parties qui ont reçu l'encre lithographique, et, au contraire, l'encre du rouleau ne peut plus adhérer dans les parties qui ont été acidulées et gommées.

On pourrait, à la rigueur, se dispenser de gommer les parties qui ne doivent pas prendre l'encre du rouleau, puisqu'en mouillant la pierre le noir ne peut s'attacher à ces parties à cause de leur humidité, mais on n'obtiendrait de cette façon que des épreuves imparfaites, dont les traits s'élargiraient de plus en plus, et dès la vingtième épreuve le dessin serait perdu. En voici la raison : les traits du dessin fixé sur la pierre étant composés de matières grasses et résineuses, repoussent l'eau avec énergie, ce qui fait que les contours de chaque trait sèchent promptement ; or, l'encre s'attache de suite à la pierre partout où l'humidité a disparu, et il est impossible d'encrer la pierre assez rapidement pour éviter que les parties qui avoisinent les traits du dessin n'aient perdu toute leur humidité ; le dessin s'empâte donc peu à peu, et il est bientôt perdu.

Lorsque la pierre a été gommée, les traits du dessin ne peuvent pas repousser aussi promptement l'humidité des parties avoisinantes, parce que la pierre a plus d'attraction pour l'eau, et il devient possible d'encrer le dessin avant qu'aucune partie ait eu le temps de sécher. Une pierre ainsi préparée peut donner un nombre illimité d'épreuves.

Des corps gras.

Les corps gras adhèrent facilement à tous les corps non mouillés. Ainsi, le verre, les métaux, le bois, le cuir, etc., sont propres à recevoir l'empreinte graisseuse et toute la série des opérations nécessaires à la reproduction de cette empreinte par l'impression. Cette affinité des corps gras pour les corps non mouillés est gé-

1.

néralement très-forte, à ce point qu'on est presque toujours obligé d'attaquer la substance même de la surface qui a reçu le corps gras, pour l'en débarrasser complètement.

En photographie, par exemple, on a une peine extrême pour nettoyer la surface des glaces qui doivent recevoir les substances sensibles à la lumière, et il faut, pour y parvenir, recourir à l'emploi successif d'un acide puissant pour décomposer les matières organiques et dissoudre les parcelles métalliques, d'un alcali caustique pour dissoudre les particules graisseuses qui sont encore bien plus tenaces, et, enfin, d'un polissage au tripoli plus ou moins prolongé.

Les traits graisseux formés sur une pierre lithographique ont une adhérence encore plus forte, et il n'y a d'autre moyen de les faire disparaître que d'user la surface avec du sable fin.

Les corps gras ne pénètrent cependant pas l'intérieur de la pierre lithographique, leur affinité n'exerce son action que sur la surface : et il est très-heureux qu'il en soit ainsi, car autrement la moindre tache d'huile ou de graisse gâterait sans remède des pierres qui coûtent fort cher. Cela seul aurait rendu la pratique de la lithographie impossible.

Les différents corps gras ont plus ou moins d'affinité pour la pierre selon leur nature, et la trace qu'ils laissent après le lavage à l'essence a plus ou moins d'attraction pour l'encre du rouleau.

Les substances qui adhèrent le plus énergiquement à la pierre sont les huiles grasses, le suif et la graisse. Viennent ensuite la cire, les résines et les mélanges composés de résines, de suif, de cire et d'huile.

Il est important de connaître le rôle que chaque substance est appelée à remplir, si l'on veut bien comprendre dans tous leurs détails les diverses opérations qui se rattachent à la Lithographie.

Lorsqu'une pierre a reçu un dessin ou des écritures quelconques, elle doit toujours subir une acidulation plus ou moins forte suivant le genre de travail; cette acidulation a pour but de décaper la pierre dans les parties qui doivent rester blanches, et de les préparer à recevoir l'action de la gomme. Mais l'acidulation de la pierre tend à endommager les traits du dessin, elle peut même les enlever complètement si la composition de l'encre n'est pas convenable.

Les *huiles,* la *graisse* et le *suif* qui pénètrent si bien la pierre résistent cependant très-mal à l'acidulation. Les *résines,* au contraire, résistent parfaitement à une acidulation énergique; mais, quoiqu'elles prennent très-bien l'encre du rouleau, elles ne modifient pas la pierre d'une manière sensible, et, si on enlève à l'essence un dessin formé de traits résineux, le dessin ne reparaît pas sous l'action du rouleau comme cela aurait lieu s'il eût été formé par un corps gras. La cire a des propriétés mixtes : elle graisse légèrement la pierre, et après le lavage à l'essence le dessin reparaît sans le rouleau, mais faible et sans vigueur ; l'acidulation ordinaire ne l'altère pas sensiblement.

On peut mélanger $^1/_5$ de corps gras avec $^4/_5$ de résine et de cire sans lui faire perdre sa qualité de graisser la pierre, ce qui permet d'obtenir une composition qui résiste bien à l'acidulation tout en graissant parfaitement la pierre. On varie les proportions de résine et de cire suivant le genre de travail que l'on se propose de faire.

Les huiles et les graisses peuvent se combiner avec

tous les oxydes métalliques, et, dans ce cas, remplir le rôle d'acides. Les chimistes donnent à ces composés le nom générique de *savons*.

Tout le monde connaît le savon ordinaire ; c'est toujours une huile ou une graisse combinée avec la potasse ou la soude. Le *savon vert*, qui est mou et visqueux, est un savon de potasse ; on l'obtient en *saponifiant* les huiles épaisses ou le suif avec la potasse caustique. Pour cela on fait bouillir l'huile ou le suif avec une dissolution de potasse caustique, la combinaison s'opère peu à peu, et le savon, qui est peu soluble dans la lessive alcaline, vient surnager. Le savon de potasse ne sèche pas et reste toujours sous forme de pâte molle ; il se conserve dans cet état indéfiniment. Si on employait des huiles fines et limpides, on obtiendrait un savon plus consistant. Le *savon blanc* ordinaire, les savons de toilette et, en général, tous les savons durs, sont des savons de soude, c'est-à-dire qu'ils sont composés d'une huile quelconque et de soude caustique. On les obtient également en faisant bouillir l'huile avec une dissolution de soude caustique.

Les savons de soude et de potasse sont solubles dans l'eau, mais tous les autres savons sont complètement insolubles dans ce liquide. On obtient les *savons insolubles* en mêlant une dissolution bouillante de savon de soude ou de potasse, avec une dissolution également bouillante d'un sel métallique ; il se forme alors un savon insoluble qui se précipite et qu'il ne reste plus qu'à laver et à sécher.

De même qu'un acide peut se combiner avec beaucoup de bases différentes, et qu'une base peut également se combiner avec toutes sortes d'acides, de même une huile peut s'unir à la plupart des oxydes métalliques, et un oxyde métallique entrer en combinaison avec toutes sortes d'huiles ou de graisses. Il convient donc en examinant un savon métallique de tenir compte de la nature de l'oxyde aussi bien que de celle du corps gras.

Les savons insolubles ont des propriétés assez diverses; j'en indiquerai seulement quelques-uns dont l'emploi peut devenir important :

1° Le savon de *chaux*. On mêle une dissolution de savon blanc (savon composé de soude et d'huile) avec une dissolution de chlorure de calcium ; le précipité est blanc, pulvérulent, doux au toucher et répand une odeur de savon ; il fond difficilement et ne se dissout ni dans l'eau, ni dans l'alcool. Ce savon est fusible dans les essences et forme alors une pâte molle qui pénètre bien la pierre et adhère énergiquement après l'évaporation de l'essence. Si on emploie une dissolution de savon vert (composé de suif et de potasse), le savon de chaux est également blanc et pulvérulent, mais il est moins gras au toucher et fond plus difficilement, même dans les essences.

2° Le savon de *magnésie*. On mêle une dissolution chaude de sulfate de magnésie avec une dissolution de savon blanc ou vert, selon qu'on désire obtenir la combinaison de la magnésie avec l'huile ou le suif. Dans les deux cas, il se forme un savon fusible qui vient nager à la surface du liquide et qui se fige en refroidissant. Le savon de magnésie obtenu avec le savon blanc, est blanc et pulvérulent lorsqu'on opère à froid, mais il entre en fusion à une douce chaleur et devient, en refroidissant, transparent, jaune pâle et cassant. L'alcool, les huiles grasses et les essences le dissolvent facilement. Sa dissolution dans la benzine pénètre parfaitement la pierre et laisse une couche très-adhérente. Le savon de magnésie préparé avec le savon vert est semblable au précédent ; cependant, il est moins fusible et moins soluble dans les huiles et les essences. Il adhère énergiquement à la pierre.

3° Le savon de *fer*. On mêle une dissolution de sulfate de fer avec une dissolution de savon blanc ou vert. Il se forme un précité blanc qui passe rapidement au vert, puis au rouge brun : cet effet tient à ce qu'il absorbe l'oxygène de l'air et devient savon de peroxyde de fer. Le savon de fer que l'on fait avec le savon blanc est visqueux, très-fusible et se dissout en toutes proportions dans les essences et dans les huiles grasses. Il pénètre très-bien la pierre. Le savon de fer obtenu avec le savon vert est presque dur ; il est fusible à une température peu élevée et est très-soluble dans les huiles et les essences. Il adhère aussi avec beaucoup d'énergie à la pierre.

Tous les savons sont décomposés par les acides ; ceux-ci s'emparent de la base et mettent l'huile ou le suif en liberté.

Les savons métalliques dissous dans les essences laissent sur la pierre, après l'évaporation de l'essence, une couche très-adhérente, mais, si on enlève le savon par un lavage à l'essence, la pierre n'en est aucunement modifiée et ne prend pas l'encre du rouleau parce que l'action du corps gras est neutralisée par l'oxyde métallique auquel il est combiné. Il en est tout autrement si on passe sur la couche sèche une éponge imbibée d'eau acidulée, car, dans ce cas, l'oxyde métallique est dissous par l'acide, et le corps gras, mis en liberté, s'attache à la pierre qu'il graisse avec une énergie extrême.

Les corps gras jouissent aussi de la propriété remarquable de se combiner avec certains sels alcalins, et de restcr en suspension dans leurs dissolutions sous forme d'émulsion ayant l'apparence d'un lait. Il suffit, par exemple, de *un gramme* de carbonate de soude dissous dans deux cents grammes d'eau pour tenir en suspension *trente* grammes de suif. Les *résinates* alcalins, qui seront décrits plus loin, conviennent parfaitement pour émulsionner les corps gras lorsqu'on les fait fondre ensemble.

Des Résines.

Les *résines* se combinent également avec la plupart des oxydes métalliques. Ces combinaisons s'appellent *résinates*. Les résines y jouent le rôle d'acides.

Les résinates de potasse et de soude sont solubles dans l'eau, pourvu que celle-ci ne contienne en dissolution aucun sel de soude ou de potasse, auquel cas les résinates ne sont solubles qu'à chaud et se prennent en gelée par le refroidissement. Tous les autres résinates sont insolubles. On obtient les résinates insolubles en versant très-lentement la dissolution d'un sel métallique dans la dissolution de résinate de soude ou de potasse.

Les résinates de potasse ou de soude se préparent très-facilement en faisant digérer la résine sur laquelle on on veut opérer avec une dissolution concentrée de potasse ou de soude caustiques ; la résine se dissout et se combine avec l'alcali pour former un résinate. S'il y a excès de résine, celle-ci se dissout dans le résinate parce que la dissolution est concentrée, mais il suffit d'y ajouter une certaine quantité d'eau pour que la résine en excès se dépose, et, en filtrant le liquide et évaporant à siccité, on obtient une combinaison *neutre,* c'est-à-dire ne contenant ni excès d'alcali ni excès de résine.

On peut aussi préparer les résinates de potasse ou de soude, en faisant fondre la résine, avec du savon blanc si l'on désire un résinate de soude, avec du savon vert si l'on veut obtenir un résinate de potasse. En poussant un peu le feu, le savon se décompose, l'alcali se combine avec la résine, et le corps gras se dégage sous forme de vapeurs épaisses auxquelles on peut mettre le feu pour ne pas être incommodé par l'odeur. On dissout le résinate dans l'eau, on filtre et on évapore à siccité : on obtient alors le résinate sous la forme d'une résine.

Il existe un grand nombre de résines, et les propriétés de leurs combinaisons avec les alcalis varient avec chacune d'elles.

Tous les résinates solubles ou insolubles sont décomposés par les acides qui s'emparent de la base et mettent la résine en liberté. Celle-ci reprend exactement toutes les propriétés dont elle jouissait avant sa combinaison avec la base.

Le nombre des résinates métalliques est très-grand puisque chaque oxyde peut se combiner avec la plupart des résines, et que chaque résine, à son tour, peut se combiner avec beaucoup d'oxydes métalliques divers.

Les trois résinates décrits ci-dessous sont obtenus avec la *résine commune* combinée avec la potasse ou la soude:

1° Le résinate de *chaux*. Il est blanc, pulvérulent, insoluble dans l'eau, mais soluble dans l'essence de térébenthine. On le prépare en versant lentement une dissolution de chlorure de calcium dans une dissolution de résinate de potasse ou de soude.

2° Le résinate de *magnésie*. Il est blanc, pulvérulent, soluble dans l'alcool et les essences. On l'obtient au moyen du sulfate de magnésie et du résinate de potasse ou de soude.

3° Le résinate de *fer*. On l'obtient en versant une dissolution de sulfate de fer dans une dissolution de résinate de potasse ou de soude. Le précipité est blanc sale et pulvérulent, mais il absorbe peu à peu l'oxygène de l'air et devient d'un rouge foncé. Lorsqu'il est desséché, il est très-soluble dans les essences ; la dissolution filtrée est d'un rouge très-foncé et parfaitement limpide. Le résinate de fer est très-précieux, parce qu'il laisse sur la pierre, après l'évaporation de l'essence, une couche dont l'adhérence est extraordinaire, et qui peut supporter une acidulation assez énergique pour ronger la pierre et laisser le dessin en relief.

Des encres lithographique et autographique.

L'encre lithographique est généralement composée à peu près comme dans la formule suivante :

Cire jaune	8
Suif.	6
Gomme-laque.	10
Mastic en larmes	2
Savon blanc . . . . :	8
Térébenthine de Venise	1
Huile d'olive	1
Noir de fumée.	10

On fait fondre le suif et l'huile dans lesquels on incorpore le noir de fumée ; le tout forme une pâte de la consistance du beurre, qu'on retire du vase et qu'on broie avec la molette. On fait fondre alors la cire, la gomme-laque, le mastic et le savon, et l'on pousse le feu de façon à décomposer le savon et à transformer les résines en résinates de soude ; on ajoute alors la térébenthine et le noir broyé avec le suif et l'huile, on remue avec une spatule pour bien mélanger les matières, et, après quelques instants de cuisson, on coule le tout sur une plaque de métal ou sur une pierre graissée au suif, puis, lorsque la matière est figée, on la coupe en bâtons que l'on conserve pour l'usage.

Lorsqu'on veut se servir de cette encre, on la délaie comme l'encre de Chine eh en frottant un bâton dans un godet contenant une petite quantité d'eau. Les résinates de soude que contient cette encre se dissolvent dans l'eau en entraînant les corps gras, huile, suif et cire ; ces derniers restent en suspension dans un état de division extrême, et forment ce qu'on appelle une *émulsion*.

La composition de l'encre autographique est presque semblable. Les matières employées sont les mêmes, les proportions seules varient : on augmente ordinairement la quantité de résine et de cire, et on supprime le noir de fumée. Voici une formule qui donne de bons résultats :

Encre autographique.

Cire jaune.	5
Gomme laque.	3
Mactic en larmes	2
Savon blanc	3

Les *crayons* lithographiques ont aussi une composition analogue. C'est toujours un ou plusieurs résinates fondus avec des corps gras et une matière colorante. Voici une recette :

Crayons lithographiques.

Cire jaune.	20
Savon.	16

Suif   2
Gomme laque.   1
Térébenthine de Venise.   1
Noir de fumée   4

On peut obtenir, du reste, des crayons ou des encres possédant, *à coup sûr*, les propriétés que l'on souhaite, en employant les résinates préparés à part, et en les faisant fondre avec des corps gras et des matières colorantes.

Toutes ces compositions une fois fixées sur la pierre sous forme de dessins ou d'écritures, sont décomposées par l'acidulation qui dissout l'alcali des résinates et laisse les matières grasses et résineuses absolument insolubles.

De la gomme et de la gélatine.

La gomme arabique, dissoute dans l'eau, puis étendue sur une pierre lithographique, en modifie la surface de telle sorte qu'elle perd son affinité pour les corps gras et résineux; mais, ainsi que je l'ai découvert récemment, *cette action de la gomme n'a lieu que lorsqu'elle a séché sur la pierre.* Cette propriété est très-remarquable; elle est la base d'un procédé de *litho-photographie négative* que je décrirai plus loin, et qui est peut-être appelé à donner de brillants résultats.

On met cette propriété en évidence par l'expérience suivante :

On écrit sur une pierre avec une solution de gomme et on laisse sécher les caractères ; on étend alors la solution de gomme sur une moitié de la surface de la pierre et on lave de suite à grande eau. Lorsque la pierre

est sèche on distingue parfaitement la place des caractères tracés parce qu'elle a pris une teinte particulière
sous l'action de la gomme qui y a séché. Au contraire,
la portion qui a reçu la gomme qu'on a enlevée de suite
par le lavage ne présente aucune différence de couleur.
On passe ensuite le rouleau chargé d'encre sur la pierre.
Celle-ci noircit entièrement, mais cette encre n'adhère
pas partout avec la même force, et si, après avoir hu-
mecté la pierre au moyen d'une éponge, on passe de
nouveau le rouleau, l'encre se détache des parties qui
ont subi l'action de la gomme, et l'écriture paraît en
blanc pendant que le fond reste d'un noir absolu.

Cette puissance modificatrice de la gomme peut être
augmentée par l'addition de certains sels ou d'un acide.
Aussi l'expérience ci-dessus donne-t-elle un résultat plus
complet si on ajoute quelques gouttes d'acide nitrique à
la solution de gomme dont on se sert pour écrire. On
verra bientôt que le bichrômate de potasse atteint le
même but, et que son emploi est quelquefois préférable
parce qu'il ne ronge pas la pierre comme l'acide. La
légère couche de gomme qui reste en quelque sorte
combinée avec la pierre est détruite par l'acidulation ou
par un léger ponçage.

Toutes les espèces de gomme, les différents mucilages
et l'albumine peuvent être employés pour préserver les
blancs de la pierre, mais la gomme arabique ou la
gomme du Sénégal (dite gomme à manger) a plus
d'énergie.

La gélatine seule ne convient pas pour cet objet, elle
graisse ordinairement la pierre et laisse un léger voile ;
cependant, mélangée par moitié avec la gomme, elle
préserve parfaitement les blancs.

La gélatine joue un rôle important dans le procédé

d'autographie négative qui est décrit dans le chapitre suivant, il convient donc d'examiner ses propriétés.

La gélatine est insoluble dans l'eau froide, mais elle s'y gonfle beaucoup, et il suffit alors d'une chaleur de 50 à 60 degrés pour qu'elle fonde et donne un liquide transparent et limpide qui se prend en gelée en refroidissant. Après une dessication complète la gélatine possède les mêmes propriétés qu'avant ; elle peut se gonfler dans l'eau et s'y dissoudre de nouveau. Une très-petite quantité d'alun ajoutée à la solution de gélatine lui fait perdre la propriété de pouvoir se redissoudre.

La gélatine est soluble dans l'acide acétique ordinaire (acide pyroligneux) ; on peut alors y ajouter beaucoup d'eau sans qu'elle cesse d'être soluble à froid. Dans cet état, on peut l'étendre avec le pinceau aussi facilement que la gomme. En séchant, l'acide acétique s'évapore et la gélatine reste avec toutes ses propriétés. L'alun ne précipite pas la gélatine dissoute dans l'acide acétique.

La gélatine est également soluble à froid, et en toutes proportions, dans une dissolution saturée de *bichrômate de potasse*. Cette dissolution peut être étendue d'eau sans que ses propriétés changent en rien ; elle est coagulée par la plus petite quantité d'alun.

Le bichrômate de potasse ajouté à une dissolution de gomme, de mucilage, d'albumine ou de gélatine, rend ces substances sensibles à la lumière : une couche mince et sèche de l'une ou l'autre de ces substances devient insoluble après une courte exposition à la lumière solaire ou diffuse. La gélatine ne peut même plus se gonfler dans l'eau lorsqu'elle a subi l'action lumineuse. Cette propriété est devenue la base de plusieurs procédés de litho-photographie.

Si l'on recouvre une pierre d'une solution de gomme

saturée de bichrômate de potasse, et que, après l'avoir
laissée sécher dans l'obscurité, on la lave à grande eau
de manière à enlever toute la gomme, puis qu'on la
laisse sécher de nouveau dans l'obscurité, on aura une
surface sensible à la lumière. En plaçant un cliché photographique sur cette pierre et l'exposant quelques instants au soleil la puissance modificatrice de la gomme
sera diminuée ou même détruite dans les parties qui
auront subi l'action de la lumière, et celles-ci seront
redevenues aptes à prendre l'encre du rouleau.

Cette expérience démontre clairement que *la gomme
en séchant sur la pierre se combine avec elle,* car ce
qui rend la pierre sensible à la lumière n'est pas autre
chose qu'une mince couche de gomme bichrômatée. Le
bichrômate de potasse *seul,* sans gomme, ne modifie
aucunement la pierre.

Nettoyage des pierres.

Le nettoyage des pierres est une chose à laquelle on
doit apporter une grande attention, les plus légères
traces de graisse attirant et retenant l'encre du rouleau.

On doit toujours employer des pierres bien dressées.
Pour dresser une pierre, on en prend deux d'égale
grandeur et de même nature, et on les frotte longtemps
l'une sur l'autre, en y interposant du sable fin et
de l'eau.

On arrête l'opération lorsque les deux surfaces sont
parfaitement planes et qu'elles présentent un grain fin
et bien égal ; on les polit ensuite avec une pierre ponce.

Le dressage des pierres n'a lieu que de loin en loin si on sait les nettoyer avec précaution.

Le moyen que je préfère pour nettoyer une pierre, parce qu'il est tout à la fois simple, prompt et efficace, est le suivant :

Si la pierre contient des substances grasses, telles que de l'encre d'impression ou un dessin lithographique, on commence par la mouiller avec une éponge, on verse quelques gouttes d'essence de térébenthine, et, après avoir frotté dans tous les sens avec un petit chiffon, on l'essuie. On répand ensuite un peu de *tripoli* (1), ni trop fin, ni trop gros, on ajoute un peu d'eau, et on frotte en tous sens avec une large pierre ponce dure ; lorsqu'on sent que le tripoli est usé et que la pierre ne mord plus on lave avec une éponge et on recommence en mettant de nouveau tripoli ; quelques minutes suffisent. On achève l'opération en employant une pierre ponce douce et de moyenne grandeur pour user une dernière pincée de tripoli ; on lave avec une éponge bien propre, à plusieurs eaux, et on sèche la pierre avec un petit tampon de papier à filtre que l'on renouvelle deux ou trois fois. Le papier est préférable au linge pour cet objet. Dans cet état la pierre est bien nette et prête à servir.

(1) Le sablon qui sert à récurer les objets de cuivre est également très-bon. On le met dans l'eau, on brasse le tout quelques instants et on décante de suite l'eau qui est devenue bourbeuse. Par le repos, cette eau dépose un sable fin qui est excellent pour l'usage indiqué.

CHAPITRE II.

AUTOGRAPHIE.

Le procédé ordinaire d'impression autographique consiste à écrire, avec une encre contenant des corps gras et résineux, sur un papier recouvert d'un encollage à la gélatine, à l'amidon ou toute autre substance analogue ; lorsque l'écriture est sèche, on mouille l'envers du papier avec une éponge, on le pose sur une pierre lithographique ou sur une plaque de métal, l'écriture en dessous, et, après l'avoir recouvert d'un autre papier et d'un carton, on donne une forte pression ; on mouille le papier de nouveau, et, quelques instants après, on le détache doucement de la pierre. On voit alors que l'encollage du papier s'est transporté sur la pierre en entraînant l'écriture avec lui, et celle-ci, formée de traits graisseux, adhère fortement à la pierre. On acidule pour rendre l'écriture complètement insoluble, et, en même temps, pour décaper la pierre ; on gomme et on laisse sécher. Le tirage peut être fait de suite, mais il vaut mieux attendre quelques heures.

Ce procédé est extrêmement commode en ce qu'il

permet à toute personne étrangère à la lithographie d'écrire elle-même sur le papier autographique , et, en confiant son travail à un imprimeur, de le faire multiplier autant qu'elle le désire. C'est le mode d'impression le plus rapide et en même temps le plus économique ; malheureusement, il offre plusieurs inconvénients sérieux.

Premièrement, lorsqu'on n'est pas très-exercé à ce genre de travail, on éprouve d'assez grandes difficultés pour écrire, tant à cause de la préparation du papier qui empâte promptement la plume, que par la nature de l'encre qui est sujette à s'étaler et à déformer les traits. Il faut une grande légèreté de main pour arriver à former des traits fins et délicats, et encore, est-il à peu près impossible de faire un dessin d'un aspect vraiment artistique.

Secondement, la pression plus ou moins forte qu'on est obligé d'employer pour faire adhérer l'écriture à la pierre, en écrase et en déforme toujours les traits, en sorte que les épreuves imprimées sont toujours inférieures à l'autographe original.

Troisièmement, et c'est là l'inconvénient le plus grave, le transport de l'écriture sur la pierre ne peut être différé au-delà de huit à 10 jours ; passé ce délai, les traits fins ne se transporteraient plus sur la pierre , et le résultat serait toujours incomplet ; même dans ce laps de temps , il y a une grande différence entre les résultats fournis selon que l'écriture a plus ou moins de jours de date.

Que l'on ait, par exemple, une grande feuille à dessiner ou à écrire, qu'il faille un temps considérable pour l'achever et que d'autres occupations ne permettent pas de le faire sans de fréquentes interruptions ; c'est alors

que ce procédé devient presque impraticable, d'abord
par la nécessité de terminer son travail dans un temps
très-limité, ensuite par le défaut d'homogénéité dans
l'ensemble, les dernières parties écrites venant plus
vigoureuses que les autres à l'impression. Ou encore,
que l'on veuille écrire un ouvrage comprenant un grand
nombre de pages, on sera forcé de le faire par fractions,
et de recourir chaque fois à l'imprimeur qui est chargé
du transport; or, comme les conditions dans lesquelles
se fait le travail changent à chaque instant, soit à cause
de la sécheresse ou de-l'humidité de l'atmosphère ainsi
que de la température plus ou moins élevée, soit parce
que l'écriture aura attendu trop longtemps avant d'être
transportée, soit encore parce que l'imprimeur ne peut
pas répondre de donner à des tirages éloignés les uns
des autres le même degré de vigueur, il sera à peu près
impossible d'obtenir une parfaite régularité dans l'ensemble de l'ouvrage fait dans de telles conditions.

Il faut mentionner aussi l'impossibilité de tracer des
lignes qui se coupent sans les altérer parce que l'encre
ne pénètre pas le papier et reste à la surface. Par exemple, un paraphe demande de grands soins et le plus souvent des retouches.

Le procédé que je vais décrire résout toutes ces difficultés.

L'emploi de l'encre est presque aussi facile que celui
de l'encre ordinaire, et chacun peut s'en servir immédiatement; on peut écrire indifféremment dans tous les
genres d'écritures, aussi gros ou aussi fin qu'on peut le
désirer; on peut exécuter tous les dessins que l'on ferait
à la plume sur un papier et avec de l'encre ordinaire;
les traits peuvent se croiser autant de fois qu'on le voudra sans qu'il puisse en résulter le moindre inconvé-

nient ; enfin , et surtout, on peut commencer une page,
la quitter et la reprendre plusieurs fois , même ne l'a-
chever qu'après plusieurs années , sans qu'il puisse en
résulter la plus petite différence entre les parties écrites
à diverses époques. Le transport pouvant être fait après
un temps illimité, il devient possible d'écrire un ouvrage
très-étendu, en prenant commodément son temps , et ,
lorsqu'on l'a achevé, de le donner en entier à l'imprimeur qui fait le tirage du tout à la fois , condition importante pour la régularité des résultats.

Autographie négative.

Ce procédé, comme son nom l'indique, est l'inverse de
celui qui est en usage : au lieu d'écrire sur un papier
autographique avec une encre grasse et de transporter
cette écriture sur une pierre , j'écris sur un papier
gommé en employant une encre qui a la propriété de
rendre la gomme insoluble, de sorte que , dans l'opération du transport, l'écriture ne peut plus se séparer du
papier et que le fond seul , qui est de la gomme, s'attache à la pierre. Après le transport on a donc sur la
pierre une couche de gomme dans toutes les parties qui
correspondent à celles qui n'avaient pas reçu d'encre,
et, au contraire, dans les parties qui correspondent aux
traits de l'écriture la pierre se trouve à nu : c'est donc
proprement un dessin négatif que l'on a obtenu. Lorsque
cette couche de gomme est sèche, on étend sur toute la
surface un corps gras qui pénètre jusqu'à la pierre là où
elle n'est pas protégée par la gomme. Les autres opérations se succèdent comme dans l'ancien procédé , c'est-
à-dire que l'on lave la pierre, que l'on acidule légère-

ment et que l'on gomme. Après un repos d'un quart d'heure au moins, on procède au tirage.

Avant d'entrer dans le détail du procédé négatif, j'indiquerai quelques expériences propres à bien faire comprendre le principe qui en fait la base.

On étend, avec un pinceau, une solution de gomme arabique sur un papier, et on le laisse sécher. Sur ce papier gommé on écrit quelques lignes avec une dissolution de *borax,* puis, lorsque l'écriture est sèche, on place la feuille dans un cahier de papier humide jusqu'à ce que la surface devienne collante ; on le pose alors sur une pierre, l'écriture en dessous, et l'on donne une forte pression ; on passe une éponge mouillée sur le dos du papier et on l'enlève avec précaution lorsque la gomme est suffisamment ramollie. On observe alors que le borax en se combinant avec la gomme l'a rendue insoluble, et que chaque trait de l'écriture a laissé un vide correspondant.

En se servant d'un papier gélatiné et en écrivant avec une dissolution de *tanin,* on obtient encore le même résultat. On pourrait y parvenir également de plusieurs autres manières.

Seulement, il y a ici des conditions indispensables pour arriver à un résultat satisfaisant : 1° il faut que l'encre soit d'un facile emploi, qu'elle ne s'étale pas et qu'elle soit suffisamment colorée ; 2° il est indispensable que la couche de gomme, en se transportant sur la pierre, ne bave pas, et que les traits les plus fins se conservent intacts sans se boucher.

Or, la gomme ne résiste pas à la pression qui est nécessaire pour opérer le transport, et le moindre excès d'humidité l'étale et lui fait couvrir la pierre entièrement, ou, au moins, boucher les traits un peu déliés ; la gélatine résiste très-bien à la plus forte pression sans s'étaler, mais il faut un temps considérable pour détacher le papier, et souvent même, il adhère tellement à la pierre qu'on ne peut l'enlever sans le déchirer. En mélangeant la gomme et la gélatine, on obtient un encollage qui participe des propriétés opposées de ces deux substances dans la même proportion que l'une ou l'autre domine, et qui permet de faire des transports parfaits.

Préparation du papier.

On prépare les deux dissolutions suivantes :

1°	Eau.	250	grammes
	Gomme à manger.	120	id.

	Acide acétique ordinaire. .	75	grammes
2°	Gélatine blanche	45	id.
	Eau.	100	id. (1).

La première dissolution se fait simplement en mettant la gomme et l'eau dans un vase, et en remuant de temps en temps avec un morceau de bois. La seconde demande plus de soins : il faut mettre la gélatine et l'acide acétique dans une bouteille à large goulot que l'on bouche bien. En agitant la bouteille la gélatine se dissout assez promptement, mais on peut abréger cette manipulation en plongeant la bouteille dans l'eau à 60 degrés, la gélatine fond alors en quelques instants. On mélange les deux dissolutions, on ajoute assez d'eau pour que la préparation ait l'apparence d'une huile épaisse, puis on passe le tout dans un linge fin ou au tamis de soie. Cet encollage, mis dans des flacons bien bouchés, peut se conserver très-longtemps.

(1) Si on désire diminuer le glacé du papier, on peut ajouter de 5 à 10 grammes de blanc d'Espagne.

L'acide acétique est employé pour dissoudre la gélatine et permettre d'appliquer l'encollage à froid ; en même temps, il empêche la gélatine de se putréfier.

L'application de cet encollage sur le papier exige le plus grand soin, car le plus léger défaut en produirait à son tour sur la pierre. On choisit de bon papier blanc, bien net, bien lisse et pas trop épais. Celui que j'ai trouvé le plus convenable est le *carré* de 8 kilogrammes à la rame de 500 feuilles. Si le papier est trop mince, on risque dans l'opération du transport, de voir l'eau passer à travers et mouiller la pierre, or, on doit comprendre que la moindre tache d'eau cause alors un dégât irréparable parce qu'elle entraîne des particules gommeuses, et que les parties qui doivent rester à nu en sont recouvertes. Il est aussi plus difficile de bien encoller un papier mince. Si on prend un papier trop fort, il faut une pression plus puissante pour opérer le transport ; on ne pourrait pas, par exemple, remplacer la presse par la roulette. (Voir la description de cet instrument, page 62.)

On verse un peu de cet encollage dans un verre (il faut éviter de le laisser longtemps à l'air libre parce que l'acide acétique en s'évaporant laisserait la gélatine se prendre en gelée). On étend l'encollage sur la feuille de papier au moyen d'un pinceau plat dit *queue de morue*, et, quand toute la surface en est bien couverte, on repasse le pinceau en travers, puis une troisième fois dans le premier sens, et enfin, une quatrième fois dans le deuxième sens. L'expérience m'a démontré qu'il était nécessaire de passer ainsi quatre fois le pinceau pour avoir une surface parfaitement égale.

On a disposé d'avance des ficelles tendues d'un mur à un autre pour suspendre les feuilles afin de les faire sécher. Toutefois, il faut bien se garder de les suspendre aussitôt qu'elles sont encollées, la partie supérieure de la feuille se dégarnirait et il se formerait des épaisseurs inégales dans le bas ; on les pose à plat sur une table, ou, à défaut, sur le plancher garni d'un tapis. Il faut deux ou trois minutes pour préparer une feuille, et dix minutes sont plus que suffisantes pour que l'encollage ait pris de la consistance, principalement à cause de l'évaporation de l'acide acétique ; on peut donc encoller quatre ou cinq feuilles, les poser à plat, et, à mesure que l'on prépare une nouvelle feuille, prendre la plus ancienne de celles qui sont posées à plat, la suspendre à une ficelle pour qu'elle achève de sécher, et mettre à la place qu'elle laisse vide la feuille qu'on vient d'encoller en dernier lieu : en procédant ainsi, une feuille ne sera jamais suspendue qu'après être restée au moins dix minutes posée à plat, et la surface sera parfaitement glacée.

La suspension des feuilles se fait très-commodément au moyen de petits fils de fer minces, d'une longueur de huit centimètres, que l'on courbe en S. On passe un doigt sous un des angles de la feuille, et, avec l'autre main, on appuie le bout du fil de fer courbé du côté de l'encollage et en face du doigt ; le fil de fer perce le papier, on ferme l'anneau inférieur pour qu'il ne puisse plus se dégager, et l'on fait la même opération à l'angle correspondant, car il est important de suspendre la feuille par deux angles ; enfin, on suspend la feuille par l'anneau supérieur de chaque angle à la ficelle tendue, et l'on ferme également ces deux anneaux.

Il est encore une dernière précaution à prendre pour empêcher les feuilles de se recroqueviller en séchant, ce qui est un inconvénient désagréable, parce qu'il expose

à faire des plis au papier lorsqu'on veut le redresser.
Pour cela, lorsque les feuilles sont suspendues, et pendant qu'elles sont encore un peu humides, on attache,
au moyen de fils de fer, les angles inférieurs de chaque
feuille avec les feuilles voisines.

Lorsque les feuilles sont sèches, on ôte d'abord les
fils de fer du bas, puis on les décroche successivement
et on les pose l'une sur l'autre en ayant bien soin de ne
pas les salir, ni à l'endroit ni à l'envers. Le contact d'un
doigt, même propre, produit inévitablement l'image de
ce doigt sur la pierre, aussi ne doit-on jamais se servir
des angles et cette partie du papier se rogne-t-elle
toujours. Le papier ainsi préparé peut se conserver indéfiniment pourvu qu'il soit à l'abri de l'humidité. On
peut mettre les feuilles à plat dans un grand cartable,
ou simplement en faire de gros rouleaux de 40 ou 50
feuilles.

Lorsqu'on veut préparer une grande quantité de papier à la fois, il est important si l'on ne veut s'exposer à
tout perdre, d'en faire l'essai en en préparant une feuille
sur laquelle on tracera différents caractères, et que l'on
transportera ainsi qu'il est indiqué plus loin. On juge
d'après le résultat de l'expérience si l'encollage est bon :
si les traits s'écrasent sans qu'il y ait excès d'humidité, il
y a trop de gomme et on ajoute de la gélatine dissoute
dans l'acide acétique ; si le papier se détache difficilement de la pierre, c'est qu'il y a trop de gélatine, et on
ajoute un peu de gomme. Cet essai est de toute rigueur
à chaque nouvelle préparation d'encollage, parce qu'il
y a beaucoup de causes qui peuvent modifier les propriétés de ce papier, et qu'il serait désagréable de
perdre son temps à écrire ou dessiner sur un papier
mal préparé.

De l'encre autographique.

(PROCÉDÉ NÉGATIF.)

Comme je l'ai déjà dit, l'encre dont je me sers possède la propriété de rendre la gomme et la gélatine insolubles, afin de s'opposer à leur transport sur la pierre. Après beaucoup d'essais je me suis arrêté aux deux formules suivantes :

1re formule
{ Gélatine. . . . .   10 grammes.
{ Solution saturée de bichrômate de potasse.   50   id.

Il faut mettre la gélatine dans la solution de bichrômate de potasse pendant un quart d'heure pour qu'elle se gonfle ; en chauffant ensuite le tout jusqu'à 50 ou 60 degrés, la gélatine fond immédiatement. On conserve cette dissolution dans un flacon pour l'usage.

Lorsque l'on veut se servir de cette encre, on en verse quelques grammes dans un petit encrier de la capacité d'un dé à coudre, et on y ajoute un peu d'encre de Chine délayée à part dans un godet de porcelaine. L'encre de Chine ne sert qu'à colorer l'encre afin de faciliter l'écriture, on peut donc en mettre plus ou moins selon qu'on le juge convenable. Si la solution de gélatine est trop épaisse on y ajoute un peu d'eau. On doit mettre le flacon à l'abri de la lumière parce que l'encre serait décomposée peu à peu.

2e formule
{ Solution saturée de bichrômate de potasse.
{ Bleu en écailles.

Le bleu en écailles épaissit et colore l'encre, il suffit

d'en mettre un décigramme sur 4 à 5 grammes de solution de bichrômate de potasse. Quand on a écrit avec l'une ou l'autre de ces deux encres et que l'écriture est bien sèche, on l'expose au soleil ou à la lumière diffuse. Sons l'influence de la lumière il se produit une réaction dans laquelle le bichrômate est décomposé, tandis que l'encollage est devenu insoluble et ne peut plus adhérer à la pierre. Le temps d'exposition à la lumière dépend de l'intensité de celle-ci et de la quantité d'encre déposée sur le papier : pour une écriture ordinaire, il suffit d'une minute au soleil ou de cinq minutes à l'ombre ; pour une écriture plus grosse, de grandes majuscules, des notes de musique, etc., il est prudent d'exposer cinq minutes au soleil et une demi-heure à l'ombre. Il n'y a pas d'inconvénients d'exposer trop longtemps à la lumière, au lieu que le travail est perdu si l'exposition a été trop courte, parce que l'encollage n'étant pas devenu insoluble l'écriture serait entraînée sur la pierre.

L'obligation d'avoir recours à l'action de la lumière pour rendre l'écriture insoluble et intransportable pourrait devenir un obstacle dans les jours sombres, comme dans les climats brumeux où l'action photogénique est très-lente ; il est même impossible d'employer ce procédé si l'on veut opérer en l'absence du jour. Il est très-facile de remédier à cet inconvénient en modifiant la composition de l'encre comme il suit :

Encre décomposable par la chaleur.

Solution de bichrômate de potasse.   10 grammes.
Gélatine   2   id.

Faites dissoudre à une douce chaleur, et ajoutez, *mais seulement après refroidissement complet,*

Acide chrômique. . . . . , . . .   2 grammes.

On agite le tout quelques intants. La gélatine semble d'abord se coaguler, mais elle se redissout peu à peu et le mélange devient plus foncé. On doit également conserver cette encre à l'abri de la lumière.

Autre formule.

Eau . . . .   5 grammes.
Acide chrômique   2   id.
Acide gallique   0,25

On écrit avec cette encre sur papier gommé et gélatiné, comme précédemment. Pour rendre les caractères insolubles on peut exposer à la lumière, et comme l'encre est beaucoup plus sensible que celle qui ne contient pas d'acide chrômique, le temps d'exposition est plus court de moitié; mais *on peut remplacer l'action de la lumière par celle de la chaleur.* Il suffit de chauffer le papier au moyen d'un fer à repasser modérément chaud, ou simplement de présenter la feuille devant un feu clair, ou encore, au-dessus d'une lampe, pour produire une réaction dans laquelle l'acide chrômique se décompose et rend l'écriture intransportable. On est assuré que les caractères ont perdu la faculté d'être transportés dès qu'ils sont devenus brun foncé. On ne peut pas ajouter d'encre de Chine ni aucune matière colorante végétale parce que l'acide chrômique, qui est un oxydant très-énergique, les décompose à l'instant. Au reste, cette encre est assez foncée pour qu'on puisse s'en servir sans difficulté. Cependant, si l'on tient à l'avoir plus colorée, on peut y ajouter quelques gouttes d'une dissolution, dans l'eau pure, de *bleu de Prusse soluble.*

Il est évident que cette décomposition de l'écriture par la lumière ou par la chaleur peut être opérée aussitôt que le travail est achevé, ou un mois, un an, dix ans plus tard. Dans tous les cas, les feuilles écrites peuvent se conserver indéfiniment en portefeuille, et l'on n'a d'autre précaution à prendre pour les tenir en bon état que de les préserver de l'humidité.

Transport de l'autographie.

L'opération du transport de l'autographie est la partie la plus délicate du procédé négatif ; la plus petite négligence pouvant produire des avaries considérables ou même la perte de tout le travail.

Avant tout on doit mouiller avec une éponge plusieurs feuilles de papier très-légèrement collé (comme le papier à journal) ; comme ces feuilles doivent être seulement moites, et qu'il ne faut pas qu'on aperçoive la moindre trace d'eau lorsque le moment de les employer est arrivé, on les mouille une heure ou deux à l'avance. Il est bon de placer au milieu deux feuilles non mouillées ; elles prendront suffisamment d'humidité des autres, et, de cette manière, on n'aura pas à craindre les taches d'eau. On enveloppe le tout d'un linge humide.

Avant de commencer l'opération du transport d'une autographie, on doit prendre une pierre d'un format un peu plus grand que celui de la feuille à transporter, la poncer avec soin, la laver à plusieurs eaux, avec une éponge bien propre, et l'essuyer au moyen d'un tampon de papier buvard ; puis mettre à sa portée de l'eau, une éponge et la roulette à presser dont la description est donnée page 62.

Voici comment on doit opérer le transport :

On met la feuille à transporter dans le papier humide, entre les deux feuilles qui n'ont pas été mouillées directement ; on la regarde de temps en temps, jusqu'à ce que le papier ait perdu sa raideur et que la surface gommée devienne un peu collante, ce dont on s'assure en posant le doigt sur une marge laissée dans ce but.

Lorsque l'autographie est à ce point, qu'il est important d'atteindre pour que l'encollage s'attache bien à la pierre, et qu'il ne faut pas dépasser de crainte qu'il ne s'écrase et que les traits fins ne se bouchent, lorsque l'autographie est à ce point, dis-je, on la retire du papier humide et on la pose sans traîner sur la pierre, l'écriture en dessous, puis on promène la roulette de façon à faire adhérer la feuille partout. D'abord, on appuie modérément la roulette pour établir le contact, puis on repasse deux ou trois fois en appuyant plus fort. On prend alors une éponge mouillée dont on a fait sortir l'excédant d'eau, et on la passe dans tous les sens sur le dos de l'autographie afin de la pénétrer d'humidité ; on attend que toute trace d'eau ait disparu de la surface du papier, et on passe de nouveau la roulette en l'appuyant fortement ; on mouille encore une fois, mais avec précaution : il faut que le papier devienne assez humide pour que l'encollage, en se ramollissant, permette de l'enlever sans le déchirer, et il ne faut pas qu'il soit assez mouillé pour que l'eau passe à travers ; après avoir attendu quelques minutes on soulève l'angle d'une marge pour voir s'il est temps d'enlever le papier, auquel cas celui-ci se détache facilement en laissant sur la pierre une couche de gomme parfaitement homogène, on enlève alors le papier sans secousse, sans se presser, mais, aussi, sans s'arrêter.

Si l'opération a été bien conduite, le dessin apparaît dans toute sa netteté parce que la pierre prend une autre teinte dans toutes les parties qui ont reçu la gomme. On le distingue très-facilement en regardant la pierre sous un jour frisant, les parties gommées offrant un aspect brillant pendant que le dessin reste mat.

On gomme avec soin toutes les marges, et, s'il est nécessaire de faire des retouches, on les fait immédiatement avec un pinceau trempé dans une solution de gomme.

L'opération du transport est alors terminée, et on a un dessin négatif d'une grande netteté.

Application du corps gras.

Si l'on passe une éponge mouillée sur le dessin négatif ainsi produit (la gomme ayant séché préalablement), on enlève tout et il n'en reste aucune trace apparente, si ce n'est une faible teinte que la gomme a communiquée à la pierre. Après dessication on peut encrer toute la surface, mouiller avec l'éponge, puis épurer avec le rouleau qui reprend l'encre dont les blancs sont recouverts; mais il vaut mieux opérer de la manière suivante :

Appliquer sur toute la surface du négatif gommé un corps gras quelconque qui pénètre jusqu'à la pierre dans toutes les parties qui ne sont pas recouvertes de gomme, puis laver la pierre à grande eau. La gomme, en se dissolvant, entraîne le corps gras qui la recouvre, tandis que la pierre le retient énergiquement là où elle était à nu. Le dessin est donc devenu *positif* et est semblable à tous ceux que l'on peut faire sur la pierre par les procédés ordinaires.

On sait que les corps gras ou résineux ont, chacun selon sa nature, une affinité plus ou moins grande pour la pierre, que la trace qu'ils laissent après le lavage à l'essence a plus ou moins d'attraction pour l'encre d'impression, et que, enfin, ils résistent différemment à l'acidulation ; il n'est donc pas indifférent d'appliquer sur le dessin tel ou tel corps gras, il convient, au contraire, de choisir celui qui présente les meilleures conditions de réussite.

Voici le procédé qui m'a donné les meilleurs résultats :

1° Frotter la pierre avec un petit tampon de linge imbibé d'huile de lin et la laisser cinq minutes dans cet état; 2° laver la pierre à l'essence de manière à enlever toute l'huile de lin (on fait cette opération en versant quelques gouttes d'essence que l'on étend avec les doigts et l'on essuie avec un linge); 3° appliquer la composition ci-après :

> Résinate de fer (fait avec la résine commune). . . . 1 partie.
> Savon de fer (obtenu avec le savon vert). . . . . 1 —
> Benzine. . . . . 10 —

On filtre.

· Cette dissolution de résinate et de savon de fer est rouge foncé, mais très-limpide ; elle pénètre parfaitement la pierre et laisse après l'évaporation de la benzine une couche très-adhérente. (L'huile de lin s'emploie afin de bien graisser la pierre, et on lui substitue une couche de résinate et de savon de fer pour pouvoir aciduler fortement.)

On lave ensuite à grande eau avec une éponge jusqu'à dissolution complète de la gomme et on laisse sécher. Enfin, on acidule en versant de l'eau contenant $1/40$ d'acide nitrique, et on couvre la pierre d'une solution de gomme que l'on étend avec les doigts en frottant presque jusqu'à siccité.

On peut également aciduler la pierre en passant un pinceau large et doux, ou un fragment d'éponge bien molle, trempés dans une préparation composée de :

```
Eau. . . . . . . . . . . . . . . .   500 grammes.
Gomme.. . . . . . . . . . . . .     120    —
Acide nitrique. . . . . . . . . .    15    —
```

L'acide nitrique ne doit être ajouté que lorsque la gomme est fondue. On conserve le mélange dans un flacon bouché.

On peut procéder au tirage immédiatement, c'est-à-dire dès que la couche de gomme a séché, mais il vaut mieux attendre une heure ou deux.

Toutes ces opérations, si longues à décrire, sont minutieuses, mais aucune ne présente de difficultés dans la pratique. Les résultats sont si parfaits, qu'après avoir fait usage de ce procédé, il est douteux qu'on se résigne à employer l'ancien, qui n'est ni plus prompt ni moins coûteux, qui offre plus de difficultés à l'écrivain, et qui, enfin, ne pourrait soutenir la comparaison pour la vigueur, la netteté et la finesse des produits.

Ces résultats, aussi complets qu'on peut le désirer pour des travaux faits à la main, et, le plus souvent, assez rapidement, ne sont cependant rien auprès de ceux que l'on peut produire en s'aidant d'un auxiliaire tout-puissant, *la photographie*. Je traiterai plus loin de la *photo-lithographie négative*, parce que, voulant réunir dans le même chapitre plusieurs procédés de litho-photographie, je dois parler avant des *reports* lithographiques afin d'éviter de nombreuses répétitions.

CHAPITRE III

CLICHÉS LITHOGRAPHIQUES

Le *cliché lithographique* est une épreuve que l'on transporte sur pierre afin de reproduire le dessin qui l'a fournie. Un cliché lithographique peut être le résultat d'un mode quelconque d'impression, soit lithographie, typographie, gravure sur bois ou sur métal, mais sa destination est toujours d'être transporté sur une pierre lithographique.

Le transport des épreuves imprimées est pratiqué depuis l'invention de la lithographie ; on nomme généralement cette opération *report*. On fait depuis longtemps des reports d'une grande perfection ; ce sont de véritables *clichés* qui produisent des épreuves absolument identiques au dessin original. Ce procédé ne laisse rien à désirer quant au résultat obtenu, puisque le but principal, qui est de multiplier un premier dessin pour en accélérer le tirage, est complètement atteint ; cependant, il y a une chose qui restreint beaucoup le nombre des applications qui pourraient être faites du report, c'est la condition absolue de faire le report aussitôt que l'épreuve est tirée, ou, au moins, dans une limite de temps peu étendue.

En un mot, le cliché lithographique, tel qu'on l'a produit jusqu'à présent, doit être employé de suite pour reproduire le dessin original, et, pour être parfait, il faudrait qu'il pût être conservé sans altération pendant longtemps, et même, indéfiniment.

En effet, supposons que l'on ait un procédé qui permette d'imprimer des épreuves qui se conserveraient aussi longtemps qu'on le désirerait, et qui, à volonté, pourraient être reportées sur une pierre. Les lithographes ne seraient plus obligés de conserver les pierres (si coûteuses, si embarrassantes et si difficiles à préserver de tout accident) en vue d'un tirage futur ; il leur suffirait de conserver quelques clichés pour être en mesure de satisfaire à la commande d'un nouveau tirage, et cela à quelque époque que ce fût. L'emploi des clichés serait encore très-propre à assurer la perfection et la perpétuité du tirage d'un dessin quelconque : pour cela, aussitôt que la pierre serait *en train* et que les épreuves viendraient aussi parfaites que possible, on tirerait quelques clichés que l'on mettrait en réserve ; s'il survenait quelque accident à la pierre matrice, ou bien si l'on s'apercevait que les épreuves baissent de ton et qu'elles sont inférieures aux premières, on prendrait un cliché, on le transporterait sur une pierre et l'on pourrait obtenir de nouveau des épreuves irréprochables.

Mais l'application la plus importante serait la fabrication des clichés pour la vente et l'expédition. Une maison importante, par exemple, ayant à sa disposition des artistes de talent, pourrait produire des clichés d'une rare perfection et d'un prix modique, parce qu'elle aurait de nombreux débouchés. Il y a une foule de détails communs à la plupart des compositions lithographiques : des en-tête, des ornements, des dessins, des réglures, de grosses lettres ornementées, etc.; tout cela pourrait être fabriqué et vendu sous forme de clichés, et serait employé par les lithographes qui y trouveraient une notable économie.

Le procédé que je vais décrire me paraît satisfaire à toutes ces conditions et permettre d'arriver à ces résultats si désirés.

Préparation du papier à cliché.

Le papier à cliché est tout simplement un papier encollé avec une solution de gomme à laquelle on ajoute une faible proportion de gélatine, afin de lui donner un peu d'élasticité et de le rendre moins cassant.

On fait dissoudre à part :

1°	Gélatine blanche.	10	grammes.
	Acide acétique.	15	id.
2°	Gomme	100	id.
	Eau	250	id.

On réunit les deux dissolutions et l'on passe dans un linge fin. On étend cet encollage de la même manière que dans la préparation du papier autographique, en passant le pinceau deux fois dans chaque sens. Seulement ce papier doit rester plus longtemps à plat avant d'être suspendu, parce que, contenant moins de gélatine, l'encollage est plus lent à prendre de la consistance : il convient donc d'attendre un quart d'heure avant de l'accrocher aux ficelles où il achève sa dessication.

Ce papier doit être serré à plat, parce qu'il est un peu cassant et qu'on risquerait de le détériorer en voulant le redresser après l'avoir roulé. On peut le conserver indéfiniment en le mettant à l'abri de l'humidité.

Encre d'impression pour les clichés.

L'encre d'impression ordinaire peut donner des clichés bons à transporter au moins pendant un mois, parce que la couche de gomme qui recouvre le papier s'oppose à sa dessication. Un tel cliché, au reste, se conserve d'autant plus longtemps que les traits sont plus gros.

On obtient des clichés d'une durée beaucoup plus grande en faisant usage de l'*encre à report* employée généralement par les lithographes, et qui contient de la cire, du suif, du savon, de la résine et du vernis. Ces clichés doivent également être tirés sur papier gommé, afin d'éviter que l'encre ne se dessèche trop promptement.

Mais, pour avoir des clichés d'une conservation indéfinie, il faut se baser sur un autre principe que le retard apporté à la dessication de l'encre.

Théoriquement, le cliché doit être constitué par une encre absolument inaltérable, pouvant être transporté exactement avec ses teintes et demi-teintes, et ne contenant aucune substance soluble dans l'eau.

On y parvient en employant l'encre dont la formule suit :

> Vernis lithographique : . . . . . 100 grammes.
> Savon de magnésie (au suif) . . . 50   id.
> Résinate de fer (résine commune)   5   id.
> Noir d'impression broyé. . . . . .

On met le vernis dans un pot que l'on chauffe au bain-marie, on ajoute le résinate de fer, et lorsque le tout est bien liquide, on y met le savon de magnésie ; on remue constamment jusqu'à ce que la fusion soit complète, et on ajoute alors un peu de noir d'impression pour colorer l'encre. Si on trouve le mélange trop épais, on peut y ajouter un peu de vernis lithographique au moment de s'en servir.

La composition suivante est peut-être encore préférable :

Encre à cliché
- Résinate de fer . . . . 1 gramme.
- Savon de fer (au suif) . . . . 2 id.
- Huile de lavaude ou huile de pétrole . . . . Quantité suffis[te]

On fait fondre le tout à une douce chaleur et on conserve le mélange dans un pot bouché. On peut ajouter une petite quantité de noir broyé.

Pour imprimer sur papier gommé, il faut, lorsque l'on a chargé le dessin avec le rouleau, laisser sécher la pierre avant de poser le papier qui, sans cette précaution, ne pourrait plus s'en détacher.

On doit conserver les clichés à l'abri de l'humidité et de la poussière ; il faut également les préserver de tout frottement.

Transport des clichés.

Pour transporter un cliché, on le place au milieu de quelques feuilles de papier humide et on l'en retire dès que la surface est devenue collante ; on le pose alors sur une pierre poncée avec soin et on l'y fait adhérer avec la roulette ; on mouille légèrement le dos de la feuille, on attend quelques instants et l'on passe de nouveau la roulette. A ce moment on verse de l'eau en abondance sur la pierre et on attend que le cliché se détache tout seul. Il est très-important de ne pas enlever le papier avant que la couche de gomme soit devenue liquide, c'est le seul moyen de conserver les teintes légères.

On incline alors la pierre et on verse lentement un filet d'eau sur la marge supérieure, de manière à former une nappe uniforme qui entraîne la gomme. Après avoir laissé égoutter la pierre pendant deux ou trois minutes, on verse dessus une solution composée de :

Gomme.	50 grammes.
Eau	500 id.
Acide nitrique.	8 id.

On égoutte de nouveau, puis on remet la pierre horizontalement et on laisse sécher.

Lorsque le cliché ne contient que des traits fortement accusés, on peut aciduler avec la préparation ordinaire, et, après une heure de repos, commencer le tirage; mais s'il y a des traits fins ou des teintes légères, il vaut mieux aciduler très-faiblement.

On emploie dans ce cas la préparation suivante :

Gomme	100
Eau	500
Acide nitrique	5

On peut remplacer l'acidulation en faisant usage d'une solution de gomme bichrômatée,

Gomme	10
Eau	20
Solution saturée de bichrômate.	20

mais il ne faut pas oublier que cette couche de gomme bichrômatée est sensible à la lumière et devient insoluble si on la laisse exposée au jour ; on doit donc placer la pierre qui en est recouverte dans un endroit obscur.

Lorsque le cliché à transporter est très-ancien, il peut être utile d'exposer la feuille qui a été ramollie dans le papier humide à des vapeurs acides : pour cela, il suffit de verser dans une assiette quelques grammes d'acide chlorhydrique, et de tenir le cliché au-dessus, le dessin tourné vers l'assiette. Dans cette opération, les vapeurs acides décomposent l'encre qui forme les traits du cliché, et mettent le suif et la résine en liberté.

On obtient un résultat analogue en passant sur toute la surface du cliché un pinceau trempé dans une dissolution d'acide *tartrique* dans l'alcool à 33°. Comme la gomme est insoluble dans l'alcool, il n'y a aucun danger d'altérer le dessin. L'acide tartrique met également les corps gras et résineux en liberté. Après avoir passé le pinceau, il est nécessaire de verser un peu d'alcool sur la feuille afin d'enlever l'excès d'acide tartrique.

Clichés négatifs.

Si on imprime, soit avec une pierre dont le dessin est en relief, soit avec des caractères typographiques, en employant : 1° une encre composée principalement de gélatine et de bichrômate de potasse, 2° un papier encollé à la gomme et à la gélatine, on aura un *cliché négatif*, c'est-à-dire susceptible de donner sur une pierre, par le transport, un fond de gomme dans lequel le dessin aura laissé des vides correspondants. Un tel cliché est tout à fait analogue aux autographies négatives décrites précédemment : en effet, le dessin imprimé sera composé de gélatine dissoute dans une dissolution de bichrômate de potasse, exactement comme s'il eût été fait à la plume, et il suffira d'exposer ce cliché à la lumière pour que le dessin devienne intransportable.

Ces clichés négatifs offrent un avantage très-grand sur les clichés positifs, parce qu'ils sèchent en quelques minutes et que l'on peut les mettre les uns sur les autres immédiatement, ce qui en rend la conservation et l'expédition plus faciles et moins coûteuses. Ils ne craignent absolument que l'humidité. L'opération du transport est aussi plus prompte et plus facile. Enfin, il est de toute évidence qu'ils sont inaltérables et qu'ils peuvent se conserver indéfiniment. Seulement, ils ne peuvent reproduire que des dessins composés de traits entièrement noirs sur fond blanc ; il n'y a que les clichés positifs qui soient susceptibles de reproduire les demi-teintes avec leurs dégradations.

Les *clichés négatifs* trouveront de nombreuses applications : en général, tous les dessins formés de traits entièrement noirs, quelques déliés qu'ils puissent être. Les factures de commerce prêtes à recevoir les indications spéciales, les dessins, ornements, vignettes, étiquettes, lettres ornementées, etc..... Pour la musique autographique, on imprimerait les portées, ce qui affranchirait l'écrivain d'un travail pénible, et qu'il est fort difficile de faire bien régulièrement parce qu'on ne peut lui consacrer le femps nécessaire.

CHAPITRE IV

PHOTO-LITHOGRAPHIE NÉGATIVE

Le procédé des transports négatifs peut donner de merveilleux résultats en employant la photographie pour la formation des dessins à transporter.

La manière d'opérer est des plus simples.

On étend sur un papier une solution de gomme et de bichrômate de potasse, et on laisse sécher dans l'obscurité. Ce papier ainsi préparé est sensible à la lumière : si on l'expose au soleil, ou simplement à la lumière diffuse, il change de couleur, passe du jaune clair au brun foncé, et la couche de gomme devient insoluble. Si le papier reste dans l'obscurité, et s'il a été préparé récemment, la gomme conserve ses propriétés naturelles et peut donner sur la pierre, par l'opération du transport, une couche parfaitement homogène. Il est facile de concevoir que si l'on expose au soleil une partie seulement d'une feuille de ce papier, pendant que l'autre sera protégée par quelque corps opaque, la partie impressionnée ne pourra plus être transportée puisque la gomme y sera devenue insoluble, et que, au contraire, la partie protégée contre l'action de la lumière n'aura subi aucun changement, et pourra donner au transport une couche de gomme sur la pierre.

Donc, si on place un papier gommé et bichrômaté derrière un cliché photographique et qu'on l'expose à la lumière, on obtiendra une image positive *brune* sur fond jaune, ne pouvant pas se transporter sur la pierre parce que les parties qui sont devenues brunes sont en même temps devenues insolubles ; le fond jaune n'ayant subi aucune modification pourra être transporté sur la pierre et donner ainsi un négatif gommé analogue à ceux que l'on obtient avec les autographies négatives.

En résumé, après avoir tiré une épreuve photographique sur un papier gommé et bichrômaté, on traite cette image comme une simple autographie : on la met dans du papier humide, on la place sur une pierre poncée et on l'y fait adhérer avec la roulette, puis on mouille l'envers du papier et on le détache doucement. Il reste sur la pierre une couche de gomme bichrômatée dans les parties correspondant au fond jaune de l'image photographique, tandis que la pierre reste à nu dans les parties correspondant aux traits du dessin. Cette image de gomme est *négative ;* le fond de gomme qui la constitue formera le fond blanc du dessin, et les parties où la pierre est à nu sont celles qui recevront le corps gras et l'encre d'impression.

Théoriquement, une image photographique faite dans les conditions indiquées ci-dessus peut être assimilée aux photographies négatives, mais les manipulations diffèrent un peu et je dois en parler ici avec quelques détails.

En premier lieu, le bichrômate de potasse modifie d'une manière remarquable la gomme et la gélatine.

Ainsi, la gomme devient moins soluble par l'addition de ce sel, et la gélatine, au contraire, se dissout *à froid* dans sa dissolution saturée. On ne pourrait donc pas obtenir un bon résultat en ajoutant simplement du bichrômate de potasse à l'encollage que l'on emploie pour le papier à autographie, parce que la gélatine deviendrait plus soluble que la gomme, et que le bouchage des traits serait plus à craindre.

La substance qui convient le mieux pour encoller le papier est la gomme, seule ou mélangée de mucilage de graine de lin. Voici les deux formules que je conseille d'employer :

1° { Dissolution saturée de bichrômate de potasse. . . . . 100 grammes.
Gomme épaisse. . . . . 50 id.

(La gomme épaisse contient : gomme 2, eau 3.)

2° { Dissolution saturée de bichrômate de potasse. . . . . 100 grammes.
Gomme épaisse . . . . 40 id.
Mucilage de graine de lin (très-épais) 20 id.

Le mucilage de graine de lin se prépare en faisant bouillir 20 grammes de graine de lin dans 200 grammes d'eau. On presse le tout dans un linge fort et on recueille le mucilage qui suinte à travers.

Une particularité qu'il est bon d'indiquer, c'est que le mucilage se liquéfie, pour ainsi dire, lorsqu'on y ajoute de la gomme et qu'on bat le mélange vivement. Cette propriété fait que l'encollage de la seconde formule n'est pas plus épais que l'autre.

Ces encollages peuvent être appliqués sur le papier de diverses manières.

La plus simple, et, incontestablement, la meilleure, consiste à verser l'encollage dans une cuvette de porcelaine et à poser la feuille de papier à la surface, en commençant par un angle et abaissant doucement le papier en évitant les bulles d'air ; une minute après, on enlève la feuille et on la suspend par deux angles à une ficelle afin de la faire sécher. (Cette opération doit être faite dans un cabinet éclairé par une bougie, ou par des carreaux couverts de papier jaune foncé.) L'encollage contient quelquefois des bulles d'air qui se fixent au papier et font autant de taches, mais cela n'a guère lieu que pour les deux premières feuilles; on en est quitte en sacrifiant celles-ci que l'on prend dans un papier commun.

On doit employer de bon papier blanc, glacé et très-mince ; et même, si l'on désire obtenir des détails aussi fins que possible, on emploiera du *papier albuminé* sur lequel on aura passé un fer modérément chaud. Le papier albuminé des photographes est excellent pour cet usage ; le sel qu'il contient ne nuit en rien. On peut aussi se servir avec avantage de papier que l'on encollera une première fois sur un bain chaud composé de : eau 500, gélatine 50, alun 5, et que l'on fait sécher *à plat* (1).

L'encollage peut aussi être appliqué sur le papier avec

(1) Je conseille, lorsqu'on voudra *gélatiner* des papiers, d'opérer de la manière suivante :

On laisse la feuille sur le bain de gélatine chauffé à 60° une minute à peu près, on l'enlève, on la fait égoutter quelques secondes, puis on la met dans une cuvette d'*eau froide*, la *gélatine en-dessus*. Il suffit d'une ou deux minutes pour que la gélatine fasse prise, parce qu'elle se refroidit à l'instant. On suspend ensuite la feuille pour la faire sécher.

le pinceau ; mais, dans ce cas, on devra répandre, sur la feuille déjà entièrement couverte, un grand excès de liquide que l'on fait couler en nappe et que l'on recueille lorsqu'on relève la feuille pour la suspendre. En procédant ainsi, on aura une surface parfaitement glacée.

Le papier enduit de gomme bichrômatée doit être conservé dans un cartable à l'abri de la lumière. Il est bon de n'en préparer qu'au fur et à mesure des besoins, parce qu'il s'altère en peu de jours.

Les clichés photographiques dont on se sert dans ce procédé sont toujours des reproductions d'écriture ou de dessins sans demi-teintes, c'est-à-dire qu'on ne peut obtenir de cette manière que des traits noirs sur fond blanc. Il est nécessaire que ces clichés présentent une grande opposition ; les noirs doivent être d'une opacité absolue, tandis que la transparence du dessin doit rester parfaite.

Le temps d'exposition à la lumière est très-court ; quelques secondes suffisent pour produire une image, peu vigoureuse à la vérité, mais cependant intransportable. Néanmoins, si le cliché est bien opaque et bien transparent tout à la fois, il vaut mieux exposer une minute au soleil ou cinq à l'ombre.

Lorsqu'on veut transporter une photographie ainsi produite, on la place dans le papier humide et on l'en retire aussitôt que la feuille est devenue souple ; on la pose alors doucement sur la pierre et on l'y fait adhérer au moyen de la roulette que l'on passe plusieurs fois, dans tous les sens, et en appuyant fortement à la fin ; on mouille ensuite la feuille avec une éponge, mais très-légèrement, et en ayant soin de ne pas mettre un excès d'eau. On attend une ou deux minutes. Au bout de ce temps, on soulève un coin du papier pour voir s'il peut

se détacher et si la couche de gomme transportée sur la
pierre est bien homogène, et, lorsqu'on juge le moment
favorable, on enlève doucement le papier. Si l'opération
a été bien conduite, on voit sur la pierre un dessin négatif d'une finesse et d'une netteté surprenantes.

On gomme les marges, et, lorsque la couche est parfaitement sèche, on applique le corps gras; on procède
pour la suite des opérations absolument comme pour les
autographies négatives.

Le point essentiel, dans le transport d'une photographie, est de ne laisser la feuille dans le papier humide
que très-peu de temps ; si on attendait que la surface
fût devenue collante, les traits fins se boucheraient,
parce que la gomme ne supporte pas la pression. Il
suffit que le papier ait perdu sa raideur, la pression
opérée par la roulette le fait facilement adhérer à la
pierre.

La facilité avec laquelle on obtient, en photographie,
la reproduction d'un dessin, soit en conservant les
mêmes dimensions, soit en les réduisant, permet ici d'en
faire une application importante : si l'on veut produire,
par exemple, une feuille chargée de dessins et de caractères extrêmement fins, on n'a qu'à l'exécuter sur papier
dans des dimensions plus grandes et à en tirer un cliché
par la photographie ; au moyen de ce cliché on tire une
épreuve sur papier gommé et bichrômaté que l'on transporte sur la pierre. Il y a cet avantage à procéder ainsi,
qu'il est beaucoup plus facile et plus prompt de faire le
dessin en grand, et, en outre, que les défauts apportés
dans l'exécution disparaissent ou diminuent d'importance
à cause de la réduction des dimensions, et que l'on obtient une perfection de formes irréalisable par tout autre
procédé.

En composant des tableaux avec des dessins, des lettres, des ornements, édités en grand format pour cet objet, on pourrait former des titres d'ouvrages, des factures, des vignettes, etc... Par exemple, les cartes de visites pourraient être obtenues avec une grande perfection en les composant avec de grands caractères et les reproduisant en petit par la photographie. Enfin, on peut reproduire dans la même grandeur, et avec une fidélité, absolue un dessin quelconque, et par ce moyen, en faire une nouvelle édition sans avoir à le composer.

Expériences sur la photo-lithographie.

En terminant la description des nouveaux procédés d'impression que je soumets au public, j'indiquerai quelques expériences faites sur la photo-lithographie, et se rattachant à ces procédés par une analogie plus ou moins grande :

1° On étend une couche de gomme bichrômatée sur une pierre poncée avec soin, et on la laisse sécher dans l'obscurité. Dès que la couche est sèche (ou plus tard si on le préfère), on lave la pierre à grande eau de manière à enlever toute la gomme, mais en évitant toute espèce de frottement, et on fait sécher de nouveau ; dans cet état la pierre est prête à servir. On place sur cette pierre un cliché photographique et on expose une ou deux minutes au soleil, ou quatre à cinq fois ce temps à l'ombre. On reporte la pierre dans le cabinet obscur et on la couvre de noir d'impression avec le rouleau ; on mouille avec une éponge et en passant de nouveau le rouleau les blancs se dégagent et l'image photographique apparaît. On acidule la pierre pour la

dégager de la gomme bichrômatée qui y est restée adhé
rente, on gomme et on laisse reposer une heure.

2° On enduit un papier de gomme bichrômatée que l'on
expose, après dessication complète, derrière un cliché
photographique, quelques secondes seulement, à la lumière; on place la feuille insolée dans du papier humide,
et on l'en retire *aussitôt qu'elle est devenue souple ;* on
la met alors sur une pierre et on l'y fait adhérer avec la
roulette ; enfin on mouille très-légèrement la feuille et
on la laisse sécher sur la pierre. (Toutes ces opérations
ont lieu dans l'obscurité, ou au moins dans le cabinet
éclairé par des carreaux couverts de papier jaune foncé.)
Après avoir attendu une heure, on verse de l'eau sur
la pierre, et lorsque la feuille se détache d'elle-même,
on en fait couler en abondance pour dissoudre toute la
gomme ; on laisse sécher dans l'obscurité, puis on encre
toute la surface, on mouille et on épure avec le rouleau.
Ce procédé est négatif ; la gomme qui s'attache à la
pierre lui enlève l'affinité pour les corps gras, et la
couche de gomme insoluble qui constitue l'image photographique empêche l'action de la gomme sur la pierre,
et cela proportionnellement à son épaisseur. Lorsque
l'image est bien venue sous le rouleau, on acidule et on
gomme de nouveau.

3° On étend un papier gommé sur une solution de
perchlorure de fer et d'acide tartrique (procédé Poitevin,
brevet de 1860) à laquelle on a ajouté une dissolution filtrée de *dextrine;* on laisse sécher à l'obscurité. On expose
à la lumière derrière un cliché, puis on met la feuille
dans un endroit où l'air soit un peu humide, et, au bout
de quelques instants, on passe sur la surface impressionnée un blaireau chargé de poudre lithographique
composée de la manière suivante :

Savon de chaux (au suif) . . . . 1 partie.
Résinate de chaux (résine commune) . 1 id.
Noir de fumée . . . . ·

On fait fondre ces matières dans de la benzine, à
chaud, après les avoir bien divisées et mélangées. Lorsque la benzine est évaporée, on réduit la composition en
poudre impalpable. Les parties impressionnées absorbent
l'humidité de l'air, deviennent poisseuses et retiennent la
poudre lithographique. On transporte sur pierre comme
un cliché lithographique.

4° On prépare une solution de bitume de Judée dans
la benzine. (La benzine doit être absolument pure ; elle
est de bonne qualité lorsqu'elle ne laisse pas la plus
légère odeur après son évaporation.)

On verse une petite quantité de cette dissolution,
préalablement filtrée, sur une pierre ; la benzine en
s'évaporant laisse une couche très-mince de bitume. Si
la benzine est pure la couche sèche à l'instant même.
On place un cliché sur cette pierre et on expose au
soleil une heure ou deux. Lorsqu'on juge le temps d'in-
solation suffisant, on rapporte la pierre dans le cabinet
obscur et on verse vivement dessus, sans temps d'arrêt,
une quantité suffisante de benzine pour la couvrir entièrement. L'image se dégage sur-le-champ. On tient alors
la pierre penchée et on verse un mince filet de benzine
à la partie supérieure de façon à enlever complètement
le bitume qui est resté soluble. On laisse reposer la
pierre un quart d'heure, puis on la gomme. Mais, comme
il est essentiel d'éviter tout frottement, il convient d'employer le procédé suivant pour gommer la pierre : on
étend avec un pinceau une solution épaisse de gomme
bichromatée sur une feuille de papier mince, et on ap-

plique cette feuille sur la pierre en pressant légèrement avec la roulette afin de chasser les bulles d'air ; on laisse sécher le tout dans l'obscurité. Une heure après, on lave abondamment pour enlever le papier et la gomme, et pendant que la pierre est encore mouillée on la frotte avec un linge imbibé d'une dissolution de 2 grammes de savon de magnésie dans 100 grammes de benzine. Dans cette opération le bitume disparaît et est remplacé par le savon de magnésie. Enfin, on lave la pierre, on encre avec le rouleau, on acidule légèrement et on gomme.

APPENDICE

IMPRESSION LITHOGRAPHIQUE

A LA PORTÉE DE TOUT LE MONDE.

Il peut être utile à beaucoup de personnes de connaître les moyens d'imprimer soi-même, avec une installation extrêmement simple et très-peu coûteuse, soit pour se procurer un certain nombre d'exemplaires de dessins ou d'écriture dont on a besoin à l'instant, soit pour faire des recherches et des expériences sur la photo-lithographie.

Voici la liste des objets nécessaires pour imprimer soi-même :

1° Une pierre lithographique d'un format un peu plus grand que les dessins qu'on désire obtenir ;

2° Un petit rouleau d'imprimeur, installé dans une fourche de fer munie d'un manche en bois ;

3° Une pierre plate pour prendre le noir avec le rouleau ;

4° Un couteau à broyer ;

5° Un petit pot contenant du noir de *lithographe* ;

6° Un flacon de vernis de lithographe ;

7° Quelques pierres ponces, dures et douces, et deux éponges ;

8° Une roulette de lithographe.

Cette roulette est en cuivre ; elle doit avoir au moins quatre centimètres de diamètre, et autant de largeur. Elle est montée dans une fourche de fer avec manche en bois. On la recouvre d'un drap fin, sans couture apparente.

Lorsqu'on désire imprimer soi-même, sans presse, on emploie généralement les procédés autographiques. Il faut une grande habitude pour écrire directement sur la pierre, parce que l'encre s'étale facilement, et, en outre, parce que les caractères sont renversés.

Quel que soit le procédé que l'on adopte, on pose l'autographie sur la pierre, et l'on promène la roulette sur toutes les parties, de manière à ce que le papier adhère parfaitement à la pierre. Pour les procédés positifs, il faut appuyer très-peu la roulette afin de ne pas écraser les traits ; mais, pour le procédé négatif, il faut au contraire l'appuyer très-fortement, car on doit craindre avant tout que le fond de gomme ne soit pas complètement transporté.

J'indiquerai ici un dernier procédé qui peut rendre des services importants :

On écrit sur papier gommé avec une encre composée de savon de magnésie dissous dans l'huile de pétrole blanche, avec assez de noir d'impression pour que les traits paraissent bien noirs. Cette encre doit être juste assez liquide pour couler facilement de la plume. Au premier abord, il semble impossible d'en faire usage, parce qu'elle s'étale sur le papier et forme pâté, mais on évite facilement cet inconvénient en soufflant sur le bec de la plume à chaque nouvelle prise d'encre, et en l'essayant sur un petit morceau de papier gommé placé à portée de la main. On doit aussi essuyer fréquemment la plume. On peut avec un peu d'habitude obtenir des traits d'une finesse remarquable. Cette encre est précieuse lorsque l'on veut faire des corrections à un cliché positif, parce qu'elle ne contient aucune substance soluble dans l'eau. La difficulté de l'écriture est rachetée, dans ce procédé, par la facilité du transport ; les traits du dessin adhèrent à la pierre avec tant d'énergie qu'on peut étendre la gomme avec la main et frotter fortement sans craindre aucun dégât.

Après l'opération d'un transport, on doit toujours laisser reposer la pierre jusqu'à l'entière dessication de la gomme.

Voici la manière de procéder pour imprimer :

On met un peu de noir d'impression sur la table au noir, et on le broie avec le couteau en y ajoutant quelques gouttes de vernis lithographique ; le noir doit avoir la consistance d'une pâte très-molle, mais non pas coulante. Le noir ainsi préparé se met en réserve sur un coin de la table. On en prend une petite quantité avec le couteau et on l'étale sur le rouleau ; en faisant aller et venir le rouleau dans tous les sens sur la table, le noir se distribue également partout. On doit avoir la précaution de soulever un peu le rouleau au moment d'en changer la direction, par ce moyen il continue de tourner sur son axe, et lorsqu'il retombe sur la table, il ne porte plus sur les mêmes parties.

On dégomme la pierre en la lavant avec une éponge à plusieurs eaux, puis on l'essuie avec une autre éponge dont on a exprimé toute l'eau. Il est très-important, avant de passer le rouleau sur la pierre, de s'assurer qu'elle n'est pas trop mouillée; on ne doit pas voir la moindre trace d'eau; la pierre doit seulement paraître humide. On passe alors le rouleau chargé d'encre d'impression avec un mouvement modéré, et en le soulevant chaque fois avant de le pousser devant soi. Lorsque l'on voit que la pierre commence à perdre son humidité, on repasse l'éponge humide partout et l'on charge encore une fois avec le rouleau après l'avoir *ravivé* sur la table au noir.

On place alors sur la pierre une feuille de papier du format convenable, on appuie la roulette sur le bord de la feuille et on la pousse jusqu'à l'extrémité opposée, on ramène la roulette vers soi en ayant soin de lui faire presser une autre portion de la feuille, on la pousse et on la ramène de nouveau en changeant toujours de place, et l'on continue ainsi jusqu'à ce que toute la surface de la feuille ait été pressée par la roulette. On soulève alors le papier qui adhère au dessin de la pierre et on le détache avec précaution. L'opération est terminée. On mouille la pierre, on charge de nouveau avec le rouleau, et l'on imprime une seconde épreuve. Avec un peu d'habitude, on peut continuer indéfiniment.

Il est nécessaire que le papier destiné au tirage soit humide. A cet effet, on peut mouiller avec une éponge une feuille de papier, mettre dessus une seconde feuille sèche, puis une troisième que l'on mouille, une quatrième sèche, et ainsi de suite pour tout le papier que l'on veut employer. On charge le tout d'une planche sur laquelle on met quelque corps pesant.

Dès que l'on a tiré quelques épreuves sur papier ordinaire, il est prudent d'en tirer une sur papier gommé.

(On laisse sécher la pierre avant de poser le papier gommé.) Cette épreuve est un cliché bon à transporter au moins pendant un mois, et qu'on sera très-heureux de retrouver s'il arrive quelque accident pendant le tirage, ou bien, si on veut obtenir de nouvelles épreuves après avoir effacé le dessin qui est sur la pierre. On doit conserver ce cliché à l'abri de la poussière.

Accidents divers et moyens d'y remédier.

Il est rare que pendant le cours d'un tirage il ne survienne pas quelques accidents, surtout lorsqu'on n'a pas l'habitude de ce genre de travail. Il est donc important de connaître les moyens d'y remédier.

Je ne ferai que signaler les accidents qui sont irréparables et qui entraînent la perte du dessin. Par exemple, lorsque la pierre n'a pas été bien poncée et que le dessin précédent, que l'on croit avoir effacé, reparaît sous le rouleau ; ou encore, lorsqu'un corps gras quelconque est venu salir la pierre avant ou après le transport.

Lorsque, en passant le rouleau, la pierre sèche un peu trop, l'encre s'attache tout-à-coup aux parties qui doivent rester blanches, et le dessin semble perdu ; il n'y a cependant rien à craindre si la pierre est restée assez longtemps sous gomme, parce que le noir ne peut pas avoir d'adhérence bien intime avec la pierre lorsqu'elle a été acidulée et gommée. On remédie à cet accident à l'instant en mouillant légèrement la pierre et passant le rouleau un peu vivement; l'encre s'attache au rouleau et la pierre se nettoie de suite.

On peut aussi enlever les taches d'encre et nettoyer

les empâtements en appuyant fortement un fragment d'éponge mouillée et la relevant en tirant à soi.

Au cas où le dessin ne s'épurerait pas complètement, on enlève à l'essence comme il suit : on gomme légèrement la pierre et l'on répand quelques gouttes d'essence de térébenthine ou de benzine sur le dessin ; en frottant avec le doigt l'essence enlève toute l'encre d'impression, et le dessin disparaît complètement. Pendant cette opération, on évite de laisser sécher la pierre, quoique cela n'ait pas beaucoup d'inconvénients si elle a été gommée. Ensuite, on lave la pierre à plusieurs eaux, on l'essuie avec l'éponge humide, et on passe le rouleau chargé d'encre. On voit alors le dessin reparaître dans toute sa pureté, et on peut continuer le tirage immédiatement ; cependant, il vaut mieux gommer la pierre et la laisser reposer quelques minutes : jusqu'à ce que la couche de gomme soit sèche, par exemple.

Lorsqu'on emploie de l'encre molle, le dessin s'empâte et s'alourdit ; on doit, aussitôt qu'on s'en aperçoit, laver la pierre à l'essence, l'encrer avec de l'encre plus dure, la gommer et attendre quelques instants avant de reprendre le tirage.

Pendant le tirage, dès que les épreuves commencent à baisser de ton, à devenir grises, il faut enlever l'encre qui est sur le rouleau, au moyen d'un couteau peu tranchant, en prenant soin de ne pas couper le cuir ; on met de nouvelle encre sur le rouleau, on la distribue bien également sur la table au noir, et on reprend le cours de son travail.

On doit également nettoyer le rouleau avec le couteau toutes les fois que l'on a terminé un tirage.

TABLE

DES MATIÈRES

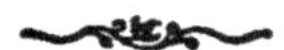

FIN DE LA TABLE DES MATIÈRES

LETTRES SUR LA CRÉATION TERRESTRE, ou Exposé sous forme familière des principaux faits relatifs à la constitution générale du globe, et à l'économie de la nature, par M. le docteur Ph. de FILIPPI, professeur à l'université de Turin ; traduites de l'italien par M. Armand POMMIER. Un joli volume grand in-18 avec figures dans le texte.　　　　　　　　　　　　　　3 fr.

Cet ouvrage est une histoire générale de notre planète, composée avec une méthode claire et attrayante, accessible à tous. L'auteur groupe et traduit dans l'expression la plus simple les faits importants qui produisirent et maintiennent à la surface de la terre cette variété infinie d'êtres et de choses que nous y observons. Il interroge tour à tour la géologie, la physique, l'astronomie, la chimie, l'histoire naturelle, la physiologie végétale et animale. Il passe de spectacles gracieux ou sublimes à de curieuses révélations sur les trois règnes; et le lecteur est vivement captivé par cette genèse scientifique où la réalité et la poésie se touchent et se confondent.

HISTOIRE DES SUBSTANCES PRÉCIEUSES, par M. RAMBOSSON, ancien rédacteur en chef de la *Science pour tous*. Un volume in-32.　　　　　　　　　　　　　　　1 25

Principales matières traitées dans le volume : Diamant et autres pierres précieuses, nacre, perle, corail, ambre, jais, ivoire, or, argent, platine, aluminium, etc.

DES PERLES, de leur origine et de leur production artificielle, par M. A. VILLA, traduit de l'italien par M. T. COUTET. Broch. in-12.　　　　　　　　　　　　　　　　75 c.

LE SPECTRE SOLAIRE, par M. RADAU. Joli volume in-18 avec une planche coloriée.　　　　　　　　　　　　1 fr.

L'auteur expose aussi dans ce volume l'ANALYSE SPECTRALE récemment découverte par MM. Bunsen et Kirchhoff.

HISTOIRE DE LA TÉLÉGRAPHIE. Description des principaux appareils aériens et électriques, par M. BONEL. Un volume in-12 avec 47 figures dans le texte.　　　　　　1 50

BAR—SUR—AUBE, IMP. Mme JARDEAUX-RAY.